LLANTOS

Elvis Dino Esquivel

LLANTOS DEL SILENCIO

SOLAR EMPIRE
PUBLISHING

Segunda edición de Solar Empire Publishing: Octubre 2016

Diseño de portada por Midnight Electric Media

ISBN-13: 978-0615594408
ISBN-10: 0615594409

«El individuo ha luchado siempre para no ser absorbido por la tribu. [...] Si lo intentas, a menudo estarás solo, y a veces asustado. Pero ningún precio es demasiado alto por el privilegio de ser uno mismo.»

Rudyard Kipling

Adiós

"It was written I should be loyal
to the nightmare of my choice."

Heart of Darkness - Joseph Conrad

Antes de partir mi mente me advierte
que silenciosa, inesperada y fiera,
como si la vil parca me siguiera,
tu recuerdo seguirá, *¡fucking* suerte!

¡Por ti me largo y me largo sin verte!
Vivo al día como si no existiera
y viajo con mi mente prisionera
ante la idea de jamás tenerte.

Ingenuo fue creer que te tenía,
hoy soy olvido y, al ser un errante,
iré a donde pueda llamarte mía…

Y cuando me encuentre solo y distante,
voy a delirar en lenta agonía
tu sonrisa en los brazos de otro amante.

Agradecimiento eterno

Increíble mujer de misteriosa magia,
su resplandor me guía y me refugio en su amor;
el suave aroma de su pelo me contagia,
transformando mi vida en un sueño encantador.

De las tragedias del mundo me defiende
y me aleja de las pesadillas del desierto;
su auténtica y amable persona me atiende
y me motiva a la vida, al bien y a lo cierto.

Existe un eterno Dios y por ella creo:
¡mis sueños y mi esperanza de ella son!
La religión critico… mas yo en ella veo
el principio de la inmensa creación.

El destino fue quien me enseñó a quererla,
es una mujer única: ¡ya que sabe transformar
cada gota de llanto en una hermosa perla
y en un hermoso recuerdo cada pesar!

De mi etapa triste y solitaria,
ella en consuelo convirtió mi dolor,
¡recé con su fe mi primer plegaria
y amé con su corazón mi último amor!

Suele a veces negarme sus favores,
mas yo mis gracias sin parar le doy,
¡a ella le debo las alegres flores
que, hasta marchitas, me consuelan hoy!

La angustia de la tierra no me importa
ya que su encanto me hace reflexionar,
¡ella me dice que la vida es corta
y que hay que disfrutarla sin cesar!

Mi sola ambición es ser digno de ella,
acariciar su amor y llenarme de su alegría:
quiero ver su brillo en mi solitaria estrella
y su luz tornando mi triste noche en día.

Amarga noche

Qué preciosa es la tarde:
las nubes pasean en control,
mientras sobre las olas arde
el inmenso calor del inerte sol.

Cubierta en nítidos velos
de superficiales hules,
aunque siendo reina de los cielos,
se muestra llena de celos
entre sus pliegues azules.

Y en sus mejillas rosadas
que más hermosura le dan,
a la par que retratadas
sus ansias enamoradas,
se ven su tristeza y su afán.

¿Por qué, si llena de amor
ella pasó el día entero
esperando su fervor,
el sol paga su amor sincero
con su abandono traidor?

¿Qué amor más rico y suave
puede en el universo encontrar?
Ella enamorarlo sabe
con la misteriosa llave
que tranquiliza las olas del mar.

Ella el perfume le ofrece
de las delicadas flores,
qué cuyo aroma parece,
la declaración de sus amores.

Ella le brinda ternura,
soledad, felicidad y ruego;
mientras esa llama de ventura
que hace arder el virtuoso fuego
de una pasión dulce y pura.

¡Claro… pero el sol negativo
lento se aleja, se va muy lejos,
cargando orgulloso el atractivo
dorado de sus ardientes reflejos!

Al suspiro afectuoso y triste
de la tarde no responde:
ella el desprecio no resiste
y, al ver que el traidor se esconde,
de negra armadura se viste.

Borran en la playa armoniosa
de los recuerdos las huellas:
¡la luz se oculta temerosa
y la rechazada diosa,
llora lágrimas de estrellas!

¡Pero, por ver el encanto
del que amargó su fortuna,
abre, entre su negro manto,
su pupila, donde aparece la luna!

Antes de escribirse

Me has herido a muerte. Desvergonzada
tú, sabiendo que estaba lastimado,
vienes y me ves solo, agonizando
y me das una última puñalada.

Pero, mi amor propio me llena el pecho
y aunque me hayas enterrado tu daga,
te perdono por el mal que me has hecho
bien sé que todo en la vida se paga.

¿Para qué te guardo rencor si has sido
una fantasía que viví en vida,
un vil anhelo que causó una herida?

No sufriré por una ilusión muerta,
si al final todo se lleva el olvido
¡aunque mi herida siga bien abierta!

Antigua gloria

Mujer, con mi alma te bendigo.
Siendo ahora únicamente un amigo
te quiero decir musa mía
que de mi vida no solo eras guía…

…sino también mi gloria fuiste.
Si te olvidé, por favor perdóname,
que ahora arrepentido y triste,
espero tu piedad me reclame.

Cuando de las auroras de tus ojos
cayeron santas lágrimas al vacío,
borraron del gélido pecho mío
los desengaños y los enojos.

Pero musa mía, ¡ya te perdí!
La confusa y necia vida así lo quiso,
ayer en tus benditas manos caí
y hoy lejos estoy de tu paraíso.

Antes que mi corazón se desgaste
de lo más profundo quisiera arrancarte,
sin que en mi dañada mente se desate
la guerra para poder olvidarte.

Para pacificar mis ingenuas penas,
ya que solamente de dolor me llenas,
¡buscaré nuevos y lúbricos placeres
con el ofrecido amor de otras mujeres!

Consuelo del ángel

A un dios, un ángel desgraciado
su deprimente historia contó
y aquel dios a su lado,
que al tanto oírla lloró,
consolando al desdichado:

— «No me cuentes más», le decía,
«de tu maldita suerte»,
y el ángel desventurado respondía:
— «Es tan grande la pena mía
que siento que causará mi muerte.»

El dios se entristeció
y de tristeza sollozó tanto
que cuando el ángel vio
tanto pesar, comprendió
que es gran consuelo el llanto.

Y el ángel infeliz se decía:
«Con pésima suerte nací,
mas hoy encontré alegría:
ya no es tanta la amargura mía
pues hay un dios que llora por mí.»

Cor unum et anima una

Musa mía, te quiero mucho, te adoro tanto,
que al nombrarte a veces a mis ojos se asoma el llanto;
¡y aunque dicen que me mientes y que me engañas,
aún me veo prisionero en la sombra de tus pestañas!

Si el rumor a mi oído llega, mi orgullo abandono:
si es verdad que me engañas, ¡yo te perdono!
Uno hace lo que quiere de lo que es suyo,
y yo, mujer de mi vida, ¡soy todo tuyo!

La lluvia sobre la montaña verde,
baña las flores, nutre el suelo y se pierde
hecha lodo por la superficie de la loma:
seré la flor para darte el aroma
que nutre el cielo con su rocío,
si el desprecio es tuyo, ¡el sufrimiento es mío!
¿Qué podré hacer con toda mi ternura
cuando aparte mis ojos de tu hermosura?

Mi alma cae en tus manos conquistadoras
mientras tu mujer, la noche adoras:
de las praderas que en mi alma habitan
¡eres todo el líquido que mis flores necesitan!

II

¿Qué podré hacer con todas mis penas
si todas las noches mis sueños llenas?
¿Qué harás con la mina que aún excavo
de tu pecho cuando deje de ser tu esclavo?
Por ti, bien lo sabes, el mundo cambiaría;
por hacerte de nuevo mía, ¡mi vida entera daría!

Hace tiempo una idea me tiene inquieto;
por favor acércate y escucha en secreto:
pon tu hermoso rostro cerca del mío,
mírame y encuentra el poderío
que tus ojos tienen sobre mi alma,
y encontrarás en ella inquietud y calma:
calma porque un día fui dueño de tus ojos
e inquietud porque ahora sufro de tus despojos.

Ahora que mi alma está condenada,
sé que a otros buscas con tu mirada;
si todos mis suspiros el viento deja,
de mi cuerpo cada vez mi alma se aleja;
si tu corazón por otro ya es querido,
¡dime el desgraciado nombre del preferido!

Le daré a tus plantas todos mis amores;
te enseñaré a dar besos suaves como las flores,
te ayudaré a encontrar el más valioso tesoro
cuando descubras que mi corazón también vale oro.

III

A mi gloria le daré la mejor parte
ahora que comience a idolatrarte;
pero, cuando viva pendiente de tu mirada
y cuando te vea siendo amada,
entonces, maldiciendo la suerte mía,
para no ver la grandeza de tu alegría,
¡me largaré con toda la tristeza
a esconderme lejos de mi torpeza!

¡Cuando doy mi cariño, lo doy entero,
no sé querer a medias a los que quiero!
Y será mi nueva gran aventura
sacrificar el sueño de mi ternura.

¡También sufro de celos, pero los callo
porque con mi corazón lucho y batallo!
Me provocas celos sin razón cuando me miras,
pero celos mortales cuando de otro suspiras
de su ramo de rosas el perfume
que en tu alma se consume
y que se convierte al tocar tu rostro bello,
en el aire que juega con tu cabello.

Cuando te vea contenta y alegre
mis celos sacrifico aunque me denegre:
poniendo así mi corazón rendido
a los pies de mi ser más querido.

Pisa mi corazón, flor de mi cielos grises,
ya que él besará tu planta cuando lo pises.
Pero, ¡qué importan las estúpidas penas mías
si con mis penas haces tus alegrías!

Cuando a la vida le sonrías excitada
llegará el sol hasta el fondo de tu mirada,
¡y para que tu sonrisa jamás se extinguiera
con gusto hasta mi vida entera diera!

Por más que trato de ganar tu afección,
hermosa mía, únicamente caigo en desesperación.
Solo una cosa más te quiero decir musa encantadora:
¡qué a pesar de tus desprecios, mi alma te adora!

Qué alegre consuelo alma mía
tienen los dolores terrenos,
¡el pensar que cada día
van teniendo un día menos!

Cuenta conmigo

Para Christian M. Beltrán, USN
al amor de su vida

Te vi llorar, y tus cristalinas lagrimas
rodaron en mi mejilla, ángel mío,
como ruedan de la suave rosa
las gotas del rocío.

Te vi sonreír, y tu mirada hermosa
en mi descolorida faz provocó sonrojos,
ya que es tan pacífico, natural y bello
el brillo que desprenden tus ojos.

Como el otoño en el solitario jardín
seca a su paso todas las flores,
así cambia tu sonrisa en un instante
al compás de tus dolores.

Por eso sonrío cuando alegre sonríes
y por eso lloro cuando afligida lloras:
no te preocupes amada compañera mía
que conmigo contarás a todas horas.

De noctem en noctem

I roll myself upon you as upon a bed,
I resign myself to the dusk.

The Sleepers - Walt Whitman

I

En noches como estas su recuerdo me devora,
una inquietud extraña me amarra el corazón.
Sin nada que hacer, ¡maldita sea la exacta hora
en que la luz del día mi mente iluminó!

Esta noche sus caricias me vinieron a recordar
que maldito sea el momento que en mágico embeleso,
cuando mis secos labios recibieron su primer beso,
que imbécilmente mi débil ser comenzó a ilusionar.

Esta noche nadando en mi lago… muero de su sed.
Te miro y me aborrezco. Ya no podré llamarte mía.
Ahora que te hayas al otro lado de la pared,
solo me resigno a exclamar… ¡maldita suerte impía!

II

¡Ah, qué deleite sujetarte entre mis brazos
y sentir tu corazón latir junto al mío!
¡Cuántas noches largas entre amorosos lazos
hubiera calentado tu cuerpo del frío!

Quiero en esta triste noche mis labios secos poner
en tu centellante rostro; mientras ansiando delicia,
quiero tu aliento, tu suspiro y tus lágrimas beber
como afanosa prueba de mi sedienta caricia.

Siento mi vida deslizándose con calma
hacia el desierto de la vasta soledad...
sin esperanza, sin fe, se hunde con frialdad,
llevándose consigo mi marchita alma.

III

Me encanta ver las nubes grises en los lóbregos cielos
hartas de cargar con las penas que tienen que sufrir.
Me encanta ver los campos sin flores y sin arroyuelos
de las ásperas montañas donde te he de perseguir.

Me encanta ver con delirio la batalla a muerte
de la guerra que tu ficticio dios comenzó,
y luego ver tendido sobre la tierra, inerte,
aquel a quien la bala del otro atravesó.

Me encanta de la triste noche sus tenebrosas tinieblas
y de un mar embravecido su mortal agitación ver;
y de la inexplorada costa solitaria por las nieblas
mirar cómo se despide el marinero de su mujer.

Confieso que me gusta ver pesares más grandes que los míos,
y ver como brota, agobiado, mi mustio llanto congelado;
en esta noche fría, mis llantos serán caudalosos ríos,
¡qué se congelarán con la apatía de mi ser más amado!

El dolor no mata

Mis últimos versos: Como no le alcanza
a mi inepta mente el placer de tu olvido;
a la tristeza de amarte sin esperanza,
me voy muriendo pensando en lo vivido.

Al desconsuelo de ver que otros amores
nutren el corazón que nutrí un día,
prefiero, bajo el pétalo de unas flores,
soñar en que me adoras todavía.

¡Te quiero como siempre te he querido
y es tan grande el deseo que a ti me ata,
que para fugarme de tu invencible olvido,
me mato delirando que el dolor no mata!

¡Aprendí a venerarte cuando perdió trayecto
el mar y éste se desangró en las gélidas arenas!
Por el amor que aún tengo, le reclamaré afecto
a las mujeres que saben consolar las penas...

¡Adiós, hasta nunca! ¡Adiós, luz de mi olvidado puerto!
¡Beso la carta en la que grabo tu nombre divino,
ojalá al abrirle a la noche el corazón desierto
que en mis besos de muerto sientas la ausencia de Dino!

En los versos de un poema

¿De qué te sirven estos versos?
¿Para qué te escribo este poema?
¿Acaso para que en estas líneas
describa todos tus atractivos?

No, ya que tú sabes que tienes
unos ojos traviesos, divinos,
que juguetones ofrecen
a un perdido viajero el camino.

Sabes que tienes boca hechicera,
cuerpo dúctil y ferviente,
garganta y pecho que sirven
para atraer al pretendiente.
Bien sabes que bajo tanta belleza
encierras tanto atractivo.

Sabes que tu simpática inquietud,
tu orgullo irónico y perverso,
tu desprecio o tu sonrisa,
tu gesto amable o desdeñoso
te hacen un ser adorable
pero un ser indefinido,
que provoca pavor o esperanza,
aunque siempre infunde cariño.

Recuerda que tú lo sabes mejor
mas que los que pueden decirlo,
que tu belleza se observa en tus acciones
y no en espejos o apariencias ni mucho
menos en los versos de un poema.

¿Acaso sobre un pedazo papel
guardarán tus íntimos amigos,
con su letra y su recuerdo,
la ofrenda de su cariño?

Solamente la falsa amistad,
solamente el aprecio fingido
requiere conceder recuerdos
que duren más que sí mismos.

Y cuando pase al recuerdo
lo que se dejó escrito,
¿acaso es porque ya la amistad
del corazón se ha extinguido?

Solo recuerda que la amistad verdadera,
el cariño verdadero y sincero
se guarda en los corazones
y provienen de sus voces,
y no de los versos de un poema.

¿Esperarás que el amor
escriba fervorosos himnos
en estas hojas describiendo
sus éxtasis, sus delirios?

No, que el amor verdadero
jamás escribe intrépido
lo que nació en silencio,
lo que se creó en secreto…

Las palabras amorosas
que al labio promulga el cariño
solo conservan su ternura
cuando son susurradas al oído.

Recuerda que el amor nunca se escribe,
se descubre en los suspiros,
se manifiesta en los ojos
mas no en los versos de un poema.

Esos amores mal pagados,
esos afectos mal correspondidos,
son corazones enflorados
pero corazones sin nidos.

En la playa

Caminando en la playa el otro día,
como de costumbre discutíamos de amores;
tú, me hablabas de llantos y dolores;
yo, insistía que solo así el amor existía.

Abajo, a nuestros pies, el mar lloraba
cual si lloráramos nuestros antiguos errores;
arriba, sobre el cielo, entre esplendores,
agónico el sol a la sutil noche esperaba.

Contemplé ese paisaje prodigioso;
te vi a mi lado pensativa y muy conmovida,
¡y más que nunca me sentí dichoso!

Al despedirse la cercana estrella,
valoré la vida, no solo porque es la vida,
¡la valoré porque existes en ella!

Entre el poeta y el amor

El poeta

Creatura del alma, dulce amor,
en mi pecho has sido sustentado
y en mi corazón criado
con la sangre y el calor.
Pero, ¡qué horrible dolor
siento al no poder mantenerte!

No hay en mi mente que darte
ninguna divina idea...
antes que morir te vea,
¡vete lejos, vete a otra parte!

Hace tiempo te di
lo que ahora perdido lloro.
Saqué del alma un tesoro
que a tu existencia le ofrecí.

Ahora no tengo para ti
ni esperanza ni consuelo.
No hay estrellas en mis cielos,
no hay en mi mente hermosura.
¡Tu luz, amor, es oscura
y tu torre está por los suelos!

Cuando era mi corazón
más verde, en él escribías
alegres y tristes poesías
de altísima emoción.
Pero, hoy es una confusión
que no sé ni puedo descifrar.
¡Huye! Qué en mi pecho triste
ya para ti no tiene un altar,
solo hay ruinas donde residiste.

El amor

¿Dónde iré? ¿Puedo subir
a las montañas divinas?
Las estrellas cristalinas
que antes solías seguir,
inertes hoy las miro,
y si algo molesta el profundo
mortal silencio del mundo,
no es un llanto, es un suspiro…

¿En dónde está la sensación
de perfecta confianza,
que con la luz de la esperanza
te pinté en el corazón?

Tú apagaste la ilusión
y también el encanto rompiste.

En ti, será esfuerzo vano
buscar el bien soberano
de que repudiar quisiste.
¿Dónde el reposo hallaré?
¿Ese infinito vacío,
oscuro, desierto, frío,
cómo atravesar podré?

De espacio en espacio iré
y eterno será mi anhelo,
y sin limite el camino,
sin hallar lo que imagino
sea el eterno camino al cielo.

Es imposible amarte

Tengo que amarte
aunque esta herida duela como dos
aunque te busque y no te encuentre.

Corazón coraza - Mario Benedetti

Es imposible amarte. La indiscreta
no puede esa devoción descifrar
del alma apasionada del poeta,
condenado al tormento de adorar.

Como una ninfa debe ser mi amada,
arrogante es cierto, altanera y cruel;
pero mágica, tierna, apasionada
y, sobre todo, libre y a mí fiel.

Cuando aman, son ángeles las mujeres,
pero voluble tú, incapaz de amar,
has nacido sin alas, ¿cómo quieres
a las alturas conmigo llegar?

Bellaca infiel a muchos has vencido,
y creíste humillarme a mí también;
mas yo con el perdón, con el olvido,
me vengo de tu cínico desdén.

No me inspiras odio, no puedo odiarte,
el odio es recuerdo y es aflicción;
mi agonía puede santificarte:
¡puede hacerte inmortal mi maldición!

¿Es muy triste morir?

¿Es muy triste morir? No, gente mía:
morir solo es dormir y el sueño es bello
cuando se sueña amores y alegría
del espíritu al célico destello.

Morir es descansar, cerrar los ojos
al mundo del sufrimiento y de la materia,
para después abrirlos sin los enojos
que aquí nos dan la vida y la miseria.

Morir es elaborar un paraíso
de amor y de felicidad que uno alcanza;
es lograr la promesa que nos hizo
el toque divino de la esperanza.

A quienes sufren mucho y mucho lloran
ese sueño feliz les manda el cielo;
y también a las almas que se adoran,
porque amor es llorar y es un consuelo.

¡Y dormir es tan pacífico, cuando llega
del ángel piadoso la bendita mano
a cerrar nuestros ojos y que pliega
sus grandes alas al hogar lejano!

¡Es tan hermoso dormir tras la fatiga!
Y encontrar lo que busca el alma inquieta
en el ignorado más allá, que abriga
el bello paraíso que presagió un profeta.

No le temo a la muerte. Cuando venga
quizá mi labio pálido sonría,
mientras su mano palpitante sostenga
desanimada e inerte la cabeza mía.

Es muy cierto que la muerte cuando llega
colma un hogar de desconsuelo y de amargura;
pero la fe y la esperanza nunca le niega
el prometido paraíso al alma impura.

Yo no temo a la muerte, yo la ansío
como a la sedienta cristalina gota,
como la noche a la luz, como el rocío
a la flor que en soledad arde y explota.

¿Irás a mi entierro verdad? ¿Irás con flores
a leer el poema que en mi tumba aún escribe;
pensando en mi historia y mis dolores,
sonriendo al verme del tormento ya libre?

¡No coloques en mi tumba solitaria
ni piedras ni arreglos que pesen tanto!

Solo quiero un ramo y una plegaria,
pero no tu dolor ni mucho menos tu llanto.

El maldito olvido… eso me asusta,
porque la oscura muerte es el olvido.
¿No me olvidarás por una causa injusta?
¿O acaso el ave olvida su antiguo nido?

No, porque entonces dormiré lloroso
por la pérdida y la gloria que uno alcanza,
y no puede ser ficticio y engañoso,
el toque divino de la esperanza.

¿Es muy triste morir? No, yo presiento
que si ese sueño nuestros ojos cierra,
se abrirán en el alto firmamento:
¡para aprender dormidos a valorar la tierra!

Tan alegres las horas vienen,
pero tan tristes las horas se van;
hay momentos que se mantienen,
pero hay recuerdos que nunca se irán.

Fantasmas del pasado

Fantasmas de las musas que en remotos días
adorara mi ánima con locura doliente,
infaustos rosales que hoy de humedad vacías,
marchitas reclinan la amargada frente.

Amuletos finos que creó mi anhelo
de mi nefasta inexperiencia de encanto,
por favor no vengan que su afligido duelo
nada me expresa, ¡aunque las amaba tanto!

¿Por qué en las afligidas noches traspiran
sobre mi cama sus torpes sombras frías?
Si sus pechos de sufrimiento suspiran,
¿quieren qué las reviva con las lágrimas mías?

¿Qué *fucking* quieren? ¿Acaso del consumido fuego
querrán revivir la apasionante llama?
¿O acaso me querrán nuevamente ciego
para entregarles un corazón que ya no las ama?

¿Quieren acaso que hidrate sus secos labios
con el licor embriagante que en mí se ha agotado?

Y si las veo sin magia, ¿podré con agravios
recompensar su amor cruel y despiadado?

¿Piensan que puedo en su corazones fríos
encontrar y consagrar mis inspiraciones,
si cuando sus labios abandonaron los míos
dejaron a mi pobre mente sin ilusiones?

No lloren ni del amor ofrecido y jurado
me pidan la promesa: Fueron torpes delirios,
por eso les pido que me dejen abandonado
con mi dolor sombrío y mis torpes martirios.

¿Se acuerdan, acaso se acuerdan, hermosas
de aquellos tiempos de cariños y amores,
cuando al pasar de las fugaces horas gloriosas
reíamos y al cielo pintábamos colores?

Fue solamente en el miserable octubre
cuando me acostaba en sus amantes faldas,
fue en el otoño cuando en mis brazos las tuve
y dormía acariciando sus suaves espaldas.

Recuerdo cuando sus labios rojos
cariñosos sofocaban la boca mía,

y al resplandor de sus lindos ojos
sintiendo sus besos me dormía.

   ¿Por qué mis sentimientos apagados
al sentir sus besos no palpitan,
y al tocar sus glúteos delicados
nada de excitación ni amor incitan?

   ¿Por qué su maldita y fatal belleza
me hizo rendirme a sus amantes brazos?
Por un momento perdí la cabeza
y me dejaron hecho pedazos.

   Si la última me arrancó lamentos,
lágrimas, esperanzas y alegrías,
¿no secos mis ojos de tormentos
sollocé solo hasta el fin de mis días?

   Quieren que las ame y me ofrecen miseria,
superficialidad, dicha y fantasía;
¿creen que sexo y maldita materia
es lo que mi pobre existencia ansía?

   ¿Acaso no saben que necesita el alma,
eterno amor, ciego, verdadero y divino,

un amor incondicional que traiga calma
cuando en nuestras vidas azote el remolino?

¿Quieren que mi torturada alma inmensa
se revuelque con la escoria del suelo,
qué baje la cabeza cuando piensa
que son ángeles bajados del cielo?

¡Déjenme en paz ya, falsos amores!
Ya no me ofrezcan amor ni encanto,
mejor pídanle al vil destino otras flores
que puedan rociar con su amargo llanto.

¡Entreguen y presuman su hermosura
y ojalá que las adoren otros ojos!
Yo las observaré sin celos ni amargura,
y en mi indiferencia sufrirán mis despojos.

J'ai une question pour vous

> «Lo que embellece el desierto es que
> esconde un pozo en alguna parte.»
>
> *El Principito* - Antoine de Saint Exupéry

Si no me quieres, ¿por qué me miras?
Si no te intereso, ¿por qué suspiras
cuando te confieso que quisiera ser tu amor?

Si mis intentos de conquistarte son en vano,
¿por qué tu mano tiembla en mi mano,
como en la rama tiembla la flor?

No te preocupes, tal vez solo te admiro,
pero, ¿por qué te sonrojas cuando te miro?
¿Por qué sonríes cuando me ves?

¿Por qué estando a mi lado la noche entera,
sonríes cuando te confieso que yo quisiera
ser el fiel esclavo rendido a tus pies?

Si no te intereso, ¿por qué no te fatiga
que yo insista? Si te molesta que te siga,
¿por qué asomada en la ventana de tu habitación...

… me esperas emocionada si llego?
¿Por qué me dices con tono de juego
que aún no he ganado tu corazón?

Si no me quieres luz de mi vida,
¿por qué me pides cuando dormida
que en los sueños te proteja?

¿Por qué cuando te doy flores
en tu rostro mi ramo siempre deja
una sonrisa deseosa de amores?

Hoy te confieso: ¡Te amo con toda el alma!
¡Tú eres la infinita gloria, tú eres la palma
con que mi solitaria isla soñó al nacer!

¡Si no me quieres, a nadie quieras!
Te demostraré que mis caricias son primaveras,
solo déjame en tu corazón retoñecer.

La amistad y el amor

Debe ser alentador
que un corazón, en verdad,
sepa dar latidos de amistad
entre latidos de amor.

La amistad no sufre de celos
que dejan en el alma huellas;
¿acaso celan las estrellas
al sol que aparece en los cielos?

Su sincera melancolía
solo comprensión atesora;
nunca se entristece, nunca llora,
y si llora, llora de alegría.

Y el amor, su fantasía
siempre se nutre del llanto
porque lo necesita tanto
como la flor el día.

La amistad es tan bella
como el brillo delicado
de un astro, que a su lado
deja brillar a otra estrella.

Y el amor es como el sol,
que no deja, por sus celos,
que iluminen los cielos
otra luz que no sea de su farol.

La amistad es un placer
que en nuestra alma reposa,
ya que es maravillosa
la amistad de una mujer.

Y el amor es un dolor
que a otra alma cela:
por eso el alma anhela
padecer torturas de amor.

¿Qué ocurre en el sentimiento
cuando este pesar le inflama?
¿Por qué disfruta, cuando ama,
de tan horrible tormento?

Es que encendido en emociones
el pecho se aprieta y queja
porque el latido no deja
amor para los dos corazones.

Es que brotan de sus latidos
caudalosos ríos de sangre rojos,

que fluyen del corazón a los ojos
y caen en lágrimas convertidos.

Es que se presta doliente
el razonamiento al corazón,
pues las sombras de la ambición
bloquean la luz de la mente.

Es que en enloquecido anhelo
el suave corazón se endurece;
es que el alma se engrandece
y cree rozar el cielo.

Es que piensa encontrar allí
la infinita felicidad…
Amiga, ¿acaso no es verdad
que el amor se siente así?

Recuerda: su valor
mi corazón a tu corazón fía,
por eso, amiga mía,
yo te entrego mi amor.

El amor, que el destino ha bendito;
el amor, que es verdadero y ciego:

colosal, enorme te lo entrego,
por favor regrésamelo infinito.

Pues tú, que sabes amar,
perfectamente debes saber
donde saberlo poner
para que yo lo pueda encontrar.

Mis palabras no ignores, no,
por favor, mi querida amiga,
y que el destino te bendiga,
como siempre te bendigo yo.

La inmortalidad de tus ojos

De la belleza los ojos radiantes
son su mejor atractivo y el que más perdura:
¡solo la muerte mitiga la claridad pura
de esos eternos candiles candentes
del santuario célico de la hermosura!

Cuando los labios y el cabello,
el pecho, la cintura y la tez,
las suaves manos y el cuello
se consuman al atropello
que causa el tiempo y la vejez.

Cuando de la vida pierdas todos sus antojos,
cuando de tu belleza ninguna huella se distinga,
y de la edad sufras sus mayores despojos,
solo quedará un atractivo que no se extinga:
¡solo con vida persistirán tus ojos!

Sobreviviendo triunfantes ellos
mientras con el tiempo se apacigua,
extenderán por lo tanto sus destellos
como entre escombros dos astros bellos,
como farol en una hacienda antigua.

No te atemorices de las arrugas imprudentes
y los años que te faltan vivir no los cuentes;
pues cuando el tiempo caiga en sus abismos,
fascinantes siempre y destellantes,
siempre tus ojos serán los mismos.

Lejana estrella

I

Congelado ya el corazón
y muerta la esperanza mía,
hace tiempo que no ardía
la llamarada de mi ilusión.

Cuando en rápida aparición
como brillante rubí
sobre el cielo para mí
apareció una brillante estrella,
tan elegante y tan bella
cual nunca otra estrella vi.

Cautivado con tal trofeo,
regresa al corazón la confianza,
parece que la esperanza
renace con el deseo.

La observo, y al obsérvala creo
poder la galaxia cruzar
para poder su brillante luz tocar;
sin comprender mí anhelo,
sé que está muy distante el cielo
mas sé que imposible no es de alcanzar.

II

¡Demonios! Qué aflicción intensa
lo que el nuevo deseo dura:
¡amar con tanta locura
sin esperar recompensa!

¿Cómo la distancia inmensa
que hay desde el cielo hasta aquí
en mi ceguedad no vi
antes de amar a esa estrella?
¿Si yo no subo hasta ella,
acaso descenderá ella hasta mi?

En esta perseverante agonía
la aprecio con más constancia,
y al verla a tanta distancia
se engrandece mi fantasía.

Su brillo mis pasos guía,
su panorama aliento me da,
y es imposible que ya
deje de seguir su huella,
porque más radiante y más bella
la veo, cuanto más remota está.

III

Deja, pues, estrella pura
la puerta emparejada
y acerca a mí la inflamada
antorcha de tu hermosura.

Calma, estrella, esta locura
con que las ganas del querer
todo el fuego de tu ser
toma mi mente emocionada,
consumiendo en tu mirada
toda la copa del placer.

No agradecida con lo que siento,
vayas a cubrir tu amoroso rayo
que en triste desmayo
velas el cielo de mi tormento.

Deja que mi amor violento
su hambre intente consumir
de tu belleza o solo déjalo morir;
tan solo dame tu luz singular,
ya que si tú no puedes bajar
entonces yo tendré que subir…

Bastante nostalgia despierta
en este espíritu cuerdo:
¡eres tú un vivo recuerdo
de la naturaleza muerta!

Levanta el ánimo

Si el amor es la esencia de la vida,
¿por qué te sientes tan destrozada?
¿Por qué bajas la frente deprimida?
¿Por qué el llanto te nubla la mirada?

¡Levanta con entusiasmo la cabeza
aunque el corazón esté vacío!
¡Olvídate de toda belleza
cuando sientas el beso mío!

Teniendo tú, belleza misteriosa
de Afrodita las sacras desnudeces,
¡solo los guardianes de esta diosa
podrían fungir como tus jueces!

¡El que juzga sin fundamentos, erra!
¡No reclines con desconsuelo la cabeza!
Recuerda que no existiría paz sin la guerra
ni complejos sin hablar de la belleza.

Levántate tranquila y victoriosa
sobre el opaco crepúsculo de mi vida,
ser humilde, ser saludable y ser cariñosa
es ser mil veces bendecida.

Radiante y natural tu belleza distinta
colorea, al verte, mis cachetes rojos:
¡ya que mi descolorida alma se pinta
cuando en mí fijas tus benditos ojos!

Lo que sufro en silencio

A Elvis Ambrosio,
por sus desamores

¡Maldita, sádica e implacable demencia!
Déjame escapar de este terrenal padecer,
ya que tienes esclavizado a todo mi ser
en el remoto cautiverio de su ausencia.

Permite que mi cándida y apacible calma
se corrompa con lujuriosos antojos.
Permite que impotentes lloren mis mustios ojos
la aflicción que padece mi pobre alma.

Permite mis lágrimas extinguir
ese infinito incendio de mi tormento:
¡es de valientes llorar en el momento
que sabes que tienes que sufrir!

Permite que se ausente mi valor
y de mi incierto sino desistir:
¡no sabes lo grandioso que es morir
cuando por voluntad morimos de amor!

Mi cariño es una infectada herida
sanada por el mismo cariño fuerte;

es la solitaria lágrima que se vierte
sobre el desierto de mi ermitaña vida.

Es la abandonada y cautivante palma
que de quietud y armonía ha asentado
a un desolado corazón incrustado
en el otoñal oasis de mi alma:

Frenesí sin titubeo ni amargura,
astros infinitos sin días ni noches,
destellos que jamás cierran los broches
de la larga pasión de una aventura.

Misteriosos destellos de brillante oro,
que brotan del astro de la divina gloria,
ya que mi amor es la porosa memoria
de la ausente musa que impotente lloro.

Mi intelecto sin fundamento siempre atesora
esta consolidada e ilógica excusa:
¿tienes la mínima idea lo que es una musa
para un loco poeta que impotente llora?

Yo, que me la he pasado mirando
sin parar sus inmortales ojos bellos,

¡cómo extraño los momentos aquellos
que ahora miserable, recuerdo llorando!

Mi atormentado ser que con firme empeño
pasó innumerables noches, una a una,
postrado paciente al pie de la luna,
vigilando su tranquilo sueño.

Yo, que con rectitud respeté la esencia
del aura de su mágica existencia.
Yo, que la amé por su inocencia
más allá que por su apariencia.

En este instante solo puedo exclamar
en amoroso y discreto delirio:
«¿Dónde te encuentras, bello ángel mío,
que no te puedo soñar ni acariciar?»

Dóciles oleajes de los mares
que sin cesar riegan esta playa fría,
nútranla siempre de divina alegría,
y tráiganme todos sus pesares.

Estrella, que cruza despacio
con sus diademas de plata,

por el perímetro de la noche grata,
embelleciendo así al espacio.

Recuérdale que la sigo esperando,
recuérdale que mi cariño es ciego,
recuérdale que si al firmamento ruego
es solo por ella que estoy rogando.

Hermosa luna, que por el río
presumiendo tu brillo vas,
y en tu reflejo observarás
las pupilas de aquel ángel mío.

Por favor dile que por ella suspiro,
que en tu fulgor mi cariño se retrata,
y que en tu pulcra faz de lustrosa plata
la veo reflejada cuando yo te miro.

Solamente así, si mi corazón alcanza
una etérea ilusión, imaginaré
que el Creador con tu brillo da fe
a la resplandor de mi esperanza.

¿Qué otro alivio en mi pesar
puede lentamente desaparecer?

¡Cuán grandioso es creer!
¡Cuán milagroso es esperar!

Déjame que en mi honesta escritura
explique, sufriendo mientras tanto,
con palabras ortodoxas de luctuoso llanto
este nostálgico poema de amargura.

Déjame, ya que el crónico dolor
mis monótonos llantos lo borrarán,
permíteme sufrir hasta el delirio mi afán,
¡déjame llorar una última vez este amor!

Eras en mi mente un colorido y vivo recuerdo,
pero al verte de nuevo le has borrado su color:
tu ahora descolorida faz pudrió en mi memoria
la ya antigua historia de tu ya antiguo amor.

Los llantos del silencio

A Paulina Martínez

— A ver amiga, dime, ¿qué estás haciendo
sola en el bosque? — «Escucho a la naturaleza
y con mi corazón la estoy oyendo.»

— ¿Qué oyes? — «Mi tristeza,
porque en la víspera sombría,
cuando no se escucha nada,
siempre una alma enamorada
percibe una misteriosa armonía:

«¿Jamás en el silencio oíste
esos sonidos misteriosos?
Son los llantos dolorosos
de una alma abandonada y triste.»

— ¡Estás loca! — «Claro, loca estoy,
ya que tengo la mente perdida;
pero detestaría a muerte mi vida
si no fuera como siempre soy:

«Hay dicha en mi amargura,
pero por mí no sientas compasión
ya que no siento en el corazón
el deleite de mi locura.»

– ¿Te gusta ser loca? – «¡Sí!»
– Tal vez la cabeza te lavaron – «¡No…
lloro porque siento en mí
otro engendro que no soy yo.»

– Será solo la imaginación
que ahora a tu cabeza agita.
– «Quizás… pero, ¿por qué palpita
tan agresivo el corazón?»

– Estarás soñando – «¿Esto es soñar?
a pesar de mi padecimiento,
no quisiera que mi sentimiento
pudiera de este sueño despertar:

«¡Yo percibo y oigo diferente
los gritos de una alma que llora,
y ese desconsuelo me enamora,
porque a mi corazón lo hace fuerte!

«El silencio es tan solo un espejo
que nada exhibe en su calma,
pero en él se ve el cruel reflejo
de las tempestades del alma.»

Me despido

Me despido. Ahora me lleva el destino
como hojas inanes que el viento arrebata.
¡Pobre de mí! No tienes idea, ingrata,
lo que padece este pobre corazón.

Mis torpes ojos no sabían llorar
ni sabían de las noches de tortura;
solitario sollozo con amargura
este férvido y vanidoso deseo.

Y no he encontrado consuelo en esta vida,
¿quién podrá consolar mis vanos dolores?
¡Qué me importa del vil mundo los colores
si mi maldita vida es tan gris sin ti!

Viajaré desapercibido a tu casa
a mendigar ese calor de tu fuego,
¡arrodillado, maldita mía, te ruego
qué por lo menos hoy te acuerdes de mí!

Me largaré a una patria ignota y distante,
a una vil región donde nadie me espera,
donde será insignificante que muera,
donde ninguna alma por mí velará.

El vulgo y tú seguirán con sus festejos
en sus discotecas, desmadres y amores;
se cerrarán los pétalos de las flores,
que ya de mí ni en la distancia hablarán.

Memorial Day

*A aquellos que han
muerto por la patria*

Era el último lunes de mayo. Al Cementerio
a mis *brothers-in-arms* fui a buscar. Cuando deletreaba
algún nombre conocido… sintiendo su cautiverio,
en los momentos que sufrimos juntos pensaba.

La noche estaba por caer... luctuoso y serio
de la triste campana el luctuoso sonido vibraba;
la silenciosa multitud salía del monasterio,
mientras las últimas plegarias recitaba.

¡Con cada muda inscripción familiar sentía más frío!
Mis hermanos, mis amigos, ¡cuántos, cuántos
que valientes defendieron la patria aquí se hospedan!

Una lágrima brotó y recité: «¿A quién, Dios mío,
voy a encontrar en el batallón, si tantos,
tantos compañeros de lucha aquí se quedan?»

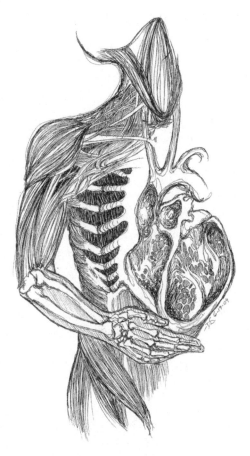

Para mi hermano Ali
al amor de su vida

Cuando el sol se esconde, cuando se oculta el día,
y cuando la noche extiende su manto sagrado,
mi corazón sonriendo te llama con alegría:
¡y tú te asomas en el fondo de la memoria mía,
como una estrella blanca sobre un cielo nublado!

Meditando un instante

Meditando en el silencio del bosque frío
el aire interrumpe con sonido paralizador;
con tranquilo susurro, las aguas del río
escurren sus ondas hidratando la flor.

Las aves duermen calladas en su nido,
los manantiales puros se escuchan batir,
y de la musa que cruza, su gemido
en la distancia se alcanza a percibir.

El lucero resplandeciente sus rayos envía
al bosque, pero a su tapiz no alcanzan a llegar,
y solo se oye la efímera melodía
de la diosa que recita su precioso cantar.

Su delicada voz hace brotar las inocentes flores
que a la vez esparcen al aire su rico olor,
y en la perfumada espesura, los seres soñadores
en sentimental verso declaran su amor.

De la laguna en las ondas de bello zafiro,
de loto en loto, la musa comienza a caminar
y después más tierno que afligido suspiro,
su llanto a la distancia se alcanza a escuchar.

Ven, musa, ven, la soledad callada
por siempre fue el alberge donde brotaron
los dulces recuerdos de la época pasada
que en la dicha y en el amor se esfumaron.

Ven, si el desconsuelo en las horas transitorias
acompaña al humano en este mundo,
revivamos de amor nuestras memorias
para mitigar nuestro tormento profundo.

Ven, ya que tus minúsculos ojos bellos
a mi mente este humilde deseo inspira.
Ven, para que a mis ojos colmes con destellos
cuando rinda en tus brazos mi vida.

Quiero en tu pecho reclinar mi frente
y sentir de tu corazón los latidos,
para disfrutar los anhelos de mi mente
que en mis insomnios imaginé perdidos.

Ven querida, regresa por favor a tu dueño,
sobre mi frente estampa tu beso angelical;
para cuando despierte de mi profundo sueño,
encuentre entre tu humildad, tu amor real.

Ven, huyamos del mundo, que su agonía
no inquiete nuestra paz; con rumbo incierto
huyamos de las sociedades vida mía,
paz y amor nos ofrecerá nuestro desierto.

Tal como el ave que observa del negro cielo
el escaso rayo que en la superficie se refleja,
agita sus alas, y con veloz vuelo
de la rama y del bosque se aleja.

Es agradable pasar el día
en la soledad silenciosa,
mirando caer, vida mía,
la gota que besa la fresca rosa.

Y es agradable escuchar el ave,
que tranquila y dulcemente
de flor en flor, con canto suave
busca a su pareja ausente.

Y observo como en un suspiro
la brisa suavemente se entrega,
robando a las flores con un respiro,
los aromas que cada pétalo despliega.

Y mientras tu suave cuerpo se reclina
sobre el mío, de tu corazón desecho
extraeré cuidadosamente cada espina
que la flor del pasado clavó en tu pecho.

Y mientras sobre tu cándida frente
imprimo un cálido beso,
te contemplaré sonriente
cuando me veas de tu amor preso.

Si con amor fijas tus ojos en mí,
toda aquella estresante amargura
que en otros tiempos sufrí
se desvanecerá con tu ternura.

Y si ves una lagrima caer
de mis ojos lentamente,
no será una lagrima doliente
si no que será una de placer.

¿Por qué de tus ojos brotó
ese llanto que provoca el tormento?
¿Qué atroz y fatídico pensamiento
doloroso por tu mente cruzó?

¿Por qué cuando el cielo se oscureció
la sonrisa de tus labios fue desapareciendo?
¿Acaso cuando el día se va desvaneciendo
regresa a tus ojos la brisa que el dolor empañó?

Lloremos juntos, qué las lágrimas al brotar
sean fresca lluvia en este bosque infecundo.
Ven, lloremos juntos alejados de este mundo,
ahora que nuestros ojos aún pueden llorar.

Si el porvenir cruel nos une,
del destino sigamos la estrella
y busquemos su brillante huella
hasta hallar un fin próspero e impune.

Hasta ese consuelo nos niega
en su furia la inhumana suerte;
solo el instante repentino de la muerte
logrará nuestras almas reunir.

Atravesaremos el mundo apartados,
vencidos, callados y sin ilusiones;
tal vez en lejanas y remotas regiones
podremos las almas unir, una vez ya olvidados.

Mía para siempre

"It is sometimes an appropriate
response to reality to go insane."

VALIS - Philip K. Dick

¡Yo te amo, te amo y mi amor es tan fuerte
que deseo con mi obsesión de fuego,
que todo el mundo se quedara ciego,
para que solo yo pudiera verte!

Si alguien se acerca a ti, pienso en su suerte;
si te hablara alguien, al pesar me entrego,
y de toda la existencia reniego
cuando pienso que, al fin, he de perderte.

Pero, ¿perderte? ¡Olvida esa creencia!
¡Mía fuiste en los sueños todavía;
mía eres, llénate de mi esencia…

Cuando llegue de mi muerte el día,
¡te arrancaré sin pena la existencia
para que siempre sigas siendo mía!

Mi último adiós

Como al beso del sol esplendente,
se entreabre fresca la flor,
así mi alma alegre y amante
se abrió, mujer, de tu alma al amor.

Como extinguen las auroras risueñas
de la noche el incierto manto oscuro,
así expulsan de mi alma las penas
tus miradas, con besos de luz.

Como esconde su llanto la noche
en el cáliz del blanco rosal,
así esconde en nostálgico pecho
sus desconsuelos, el alma al llorar.

Como aves que al amanecer se lanzan,
en el firmamento azul a reinar,
así van mis ideales más puros
a posarse en un cristalino altar.

Como oleadas de aromas que exhalan
los pétalos en tarde infernal,

¡es el casto aliento que emana
de tu pecho… mujer celestial!

    Como gime la paloma amada
si el infiel compañero voló,
así lloran dolientes las almas
al recuerdo de un amor que pasó.

    Como llega en ideales exhalados
la plegaria hasta el trono de Dios,
qué a ti lleguen mis tristes versos
ascendiendo en sus alas… ¡mi adiós!

Mirada ardiente

Cuando el sol de primavera
en la lejana montaña pose,
florecerá tranquila la pradera
cuando su calor la superficie rose.
Si tu belleza en mí quisiera
posar suavemente
la luz de tus ojos bellos,
inspiraría con ellos
más que poesía en mi mente.

Si las nacientes flores
el rayo solar descubre,
y en las mañanas de octubre
vuelven los colores
a pintar los amores,
bien tu mirada podría
regresar la poesía
a su antigua morada,
abandonada y olvidada
dentro del alma mía.

Así tan solo creo
que tendría mi canto
de tu esencia el encanto,
universo del deseo;
la que en tus ojos veo

simpática dulzura,
los que en tu boca pura
destila, cuando sonríes
en esmeraldas y rubíes
fragancias de frescura.

Si acaso yo lograra
resumir en mis composiciones
las bellas ilusiones
que tu mirada declara;
y la inocencia, y la rara
prudencia que revela
y las alegrías que anhela
tu alma poderosa,
y aquella luminosa
zona por donde vuela,
daría el talento mío.

Esto me intriga,
hermosa amiga
ahuyentadora del frío;
¡mas yo propio me río
del inoportuno ruego!
¿Quién me asegura luego,
estando inspirado,
de no morir quemado
en tan hermoso fuego?

Naturaleza del alma

A Sarah I. Vázquez

Cuando en tu rostro los años en carrera
vayan secando la flor de tu hermosura,
¡no dejes que las lágrimas de amargura
bañen los ojos de tu eterna primavera!

No busques aquella imagen pasajera
en el mentiroso cristal de locura,
ni en el río busques la corriente pura
aunque fertilice el alma de tu pradera.

Búscala mejor en el pecho donde vive
eternamente la esencia de tu belleza,
dentro del cálido corazón donde florece.

Si acaso un inesperado complejo revive,
¡no te olvides que debajo de tu corteza
tienes un cielo donde jamás oscurece!

Perdidos al vernos

Vamos caminando, cansados y temerosos
a donde nos lleven esos vientos del destino;
con cada paso, llenamos nuestros dolorosos
corazones con nostalgia del amor divino.

Tal como los lejanos cometas luminosos
que en el cielo ya sea nocturno o matutino,
cruzan taciturnos, efímeros y orgullosos
para dejar su espaciosa estela en su camino.

Ocasionalmente se entrecruzan los destellos,
con colosal tranquilidad pasiva y serena,
los astros escondidos detrás de tus cabellos.

¡Nuestros ojos se conectan con una mirada
y nuestras pupilas un instante nos condena
a unir tu alma nerviosa con mi alma desolada!

Playa del olvido

No esperes que la brisa del olvido
borre las huellas que dejé en mi paso:
¡nuestro amor es un mar embravecido
que siempre golpeará nuestro fracaso!

¡Te fuiste tan calmada y convencida,
queriendo extinguir de este amor su matriz,
sin saber que en el pasado de tu vida
siempre seré yo una permanente cicatriz!

¡Yo fui tu primer amor! ¡En la intimidad
fui el que te hizo sentir amor por vez primera,
y en el alma cargarás por toda la eternidad,
los besos y caricias que llenaron tu vida entera!

Por el inmenso océano de nuestra pena
navegamos los dos sin destino determinado,
¡no hay guardacostas que nos salve de la condena
que hundirá la balsa de nuestro triste pasado!

Cuando la noche esté al descubierto
sobre ese océano que juntos recorremos,

¡los dos soñamos con el mismo puerto,
con el puerto al que jamás regresaremos!

   ¡No habrá paz para ninguno de los dos
ni en la ribera soleada ni en la costa umbría,
porque soy aún el sol de nuestros mundos
y eres tú aún la luna de la noche mía!

   Debimos razonar, antes de amarnos;
debimos razonar pero no lo hicimos:
¿con quién demonios podremos reemplazarnos
si cada vez nos buscaremos a nosotros mismos?

   ¡No encuentro a un amor que reemplace
al gran amor que por mí sentiste un día,
y aunque tu boca a mis labios desplace
mis sollozos ojos te idolatran todavía!

   Hay que aceptar, musa, la derrota
y hay que olvidarnos de nuestra sentencia;
hay que rogarle a nuestra destinación rota
que de una vez termine nuestra existencia.

   ¡Para parar de sufrir las hostilidades
de esta maldita ribera desierta,

me encomendaré a las tempestades
que ayudan a olvidar la ilusión muerta!

¡Hazle como yo! Pues nunca podremos
regresar a ese puerto distante,
¡la pesada ancla tiremos
en medio de este mar agonizante!

Aunque lejos de mí estés, no me desespero,
porque en la oscuridad de tus noches frías,
¡sé que soñarán tus labios y tu cuerpo entero
con el calor de las caricias mías!

Prepara tus ojos

Si lindos versos sobre tu historia quieres,
ya de mi fatigada fantasía
por favor, no los esperes;
quiero con esta mediocre poesía
mostrar todos los misteriosos dones
de mi pasión más secreta:
¡a tu lado está el torpe poeta
que intenta conmover corazones!

De mi mente con un lento giro
expulso con magnético encanto,
las palabras que hacen llorar con dulce llanto
y suspirar con desalentado suspiro.

Tu triste recuerdo no viene de las estrellas
porque en mi agotada mente aún vive:
y en este libro no, pero en las bellas
batallas del pasado, un poema aún se escribe.

Prepara tus ojos porque luego
te traerán mis palabras el fuego
que los quemará con la amargura
que has dejado en esta torpe escritura.

Polvo cósmico

*No, polvo mío, tierra súbita
que me ha acompañado todo el vivir.*

Mirada final - Vicente Aleixandre

En mísero polvo nos convertimos
cuando concluya la vida terrena;
simples átomos libres cuando morimos
y simples granos perdidos en la arena.

Seremos una pequeña gota del océano
que solamente una burbuja llena;
una simple molécula pensadora
que aun siendo insignificante llora.

Un solo momento toma para que la mirada
vea por última vez el alto firmamento;
si la gloria es esa constelación estrellada,
entonces que un dios me reserve asiento.

Si nos perdemos en el abismo de la nada,
entonces, ¿por qué causa tanto sufrimiento?
¡Porque en el universo se pierde el rezo vano
de la ignorancia absurda del ser humano!

Las lágrimas que al brotar
tristes, buscando un consuelo,
son como las aguas del mar,
¡saladas suben al cielo
y dulces son al bajar!

¿Por qué llorar?

La musa

    — Poeta, dime ¿por qué llorar?
¿Por qué cuando nos dolemos
por nuestras mejillas vemos
amargas lágrimas rodar?

    Si el alma se agita entera,
si ella sola es la que siente,
¿por qué esa lágrima ardiente
a nuestro rostro altera?

El poeta

    ¿Viste, amiga, el viento blando
que se lleva las perlas de tus dolores
y luego las va lentamente depositando
sobre caverna de tus valores?

    Así el alma, amiga mía,
solidifica su pasión
y expulsa en su profunda agonía
las perlas del corazón:

    El llanto a veces nos calma,
es nuestra cura del sufrimiento
es tan solo un pedazo del alma
que nos extirpa el tormento.

La musa

– ¡Ahora entiendo! Por eso el llanto
merma mi pasajero lamento,
y por cada lágrima que cae, siento
que va mitigando el detrimento.

El poeta

– Tienes razón, amiga mía;
aunque en nuestra existencia
todo es pesar en la esencia,
y todo es eterna melancolía.

Y cuando pierdes la paz
y emanas afligido lamento
al expulsar tu tormento,
contaminas tu faz.

Amiga querida, no llores
ya que el alma se ve rota,
y cuando el sufrimiento agota
de nuestro pesar los albores:

No intentes, amiga, secar
esas lágrimas de amargura,
que es la peor desventura
sufrir tanto y no poder llorar.

Prisionero de tus ojos

Sueño, al mirar tus ojos, que suspiro
en dura cárcel. Debajo de tu ceja
cielos y montañas ásperas miro
y su belleza en un limpio lago se refleja.

Aquel silencio en soledad insana,
con ambiente claro y luz infinita,
a contemplar y a comprender incita
los árboles y flores de cada mañana.

Con extensos brillos y con oro
de los cerros el sol comprime la frente;
pero su torcido resplandor ignoro
si procede del lejano Medio Oriente.

Quizá al amanecer allí guarden cautiva
afectuosas hadas entre lindas flores;
allí quizá eternamente viva
la fresca estación de los amores.

Vuelvo a mirar tus ojos con profundo
mirar, y el pensamiento se figura
que el lago en su agua retrata el mundo
con más peculiar belleza, con luz más pura.

Todo mejor en su tranquilo espejo,
más tranquilo todo en luz delicada;
imitación inútil es el mundo: es el reflejo
de inalcanzable de una perfección moldeada.

¿Qué es la vida?

Que toda la vida es sueño,
y los sueños, sueños son.

La vida es sueño - Calderón de la Barca

Cuando en el oscuro firmamento
veo aparecer cientos de astros brilladores,
y otros miles que en un momento
brillan con sus preciosos resplandores.

Buscando la respuesta a la vida en mi pensamiento,
volteo a mirar al cielo y pregunto a los brillantes seres:
– «¿Qué es la vida, que es, brillantes luces bellas?»
– «¡La paradoja!» Me responden las estrellas.

Si al renacer la hermosa primavera
vuelve verde el mundo con alegría;
entonces el río, el bosque y la pradera
son los aromas, las luces y la armonía.

Cuando en jardín se convierte la ribera
y el bosque en viviente poesía,
– «¿Qué es la vida?» Pregunto a sus seres,
– «¡El cambio!» Me responden las flores.

Pero, si al mirar tus ojos, vigila
el bosque al astro su luz preciosa;

si viendo todo el cielo en tu pupila,
alucinante por ti, mi alma curiosa
– «¿Qué cosa es la vida?» Pregunta obsesionada,
– «¡El amor!» Me responderá tu mirada.

Sentimiento inmortal

Lux aeterna

I

¡No pienses que me importa que me ignores
ni pienses que por ti muero de frío!
¡Es tan profundo el sentimiento mío
que ni una lágrima más por ti esperes!

A mi mente no llega tu agrio desdén:
¡apiádate de mi pena desolada
hasta que encuentre en tu culposa mirada
todo aquello que soñé en el mar de Adén!

Tú no tienes el derecho de olvidarme,
pero, si tienes ganas de aborrecerme:
¡te prometo por la gloria que has de verme
tranquilo y libre de tu imbécil amor!

Creí que en esta noche encontraba calma,
sin embargo, no se ha secado la flor:
aun después de que me arrebataste el alma,
no me arrojaste al abismo del olvido;
sin mí, tu vida no tiene sentido.

II

Te juro por la luz de la vida mía:
¡qué te buscaré como la sombra al día!
¡Te amaré como el marinero ama al mar!
¡Te exploraré como el barco al océano inmenso!

¡Te saludaré como el heroico militar
saluda su amada insignia cuando va en descenso!

¡Sobre el destruido altar de mis amores,
vivirá para siempre tu memoria!
Con tus rechazos reconstruiré mi gloria
para salvarme de mis pesares.

Tal como une a los prisioneros su cadena
nos unirán los pobres versos que te envío,
confesándote que te amé, dulce bien mío,
con dulce amor que corazones envenena.

¡Qué poco importa el amor de otras mujeres,
si mi cobarde corazón no te olvida!
¿Por qué en los momentos más lindos tu vida
niegas nuestras noches llenas de placeres?
Soy un alma que se quedó sin consuelo
y un taciturno astro que perdió su cielo.

III

Para hacer nuestras historias inmortales,
yo derramaré mi sangre, gota a gota,
en las avenidas de la edad remota
con versos de poemas miserables.

El destino te encontrará a mi lado,
vivirás sola al compás de mi vida:
serás la planta que será nutrida
con sangre de un corazón helado.

Y cuando llegue la hora ambicionada,
cuando en el otoño con una flor marchitada,
mi ángel decore triste mi abandonado ataúd,

te confesará al oír las brisas del paisaje:
«¡De la corriente, el viento es el mensaje
que te deja al recordar tu ingratitud!»

Te juro que nadie te amará como yo te amo,
nadie te adorará como yo te adoro,
nadie exclamará su amor como yo lo exclamo,
ni absolutamente nadie en tu corazón de oro
los tesoros del universo encontrará...
como yo encontré, bajo tus pies pequeños,
¡mis alegrías, mis inspiraciones, mis sueños
y mi vida que ahora rogándote está!

Tú has olvidado todas las horas bellas
en que me sorprendieron las estrellas
junto a ti, reclinado en tu balcón,
bañándome con la lluvia de tus ojos,
mientras yo, desquite de tus enojos,
suplicaba por tu olvidadizo corazón.

IV

Aún recuerdo tus amantes cartas,
las que tu gran cariño me escribía:
– «¡Si estás celoso» – tu pasión decía –
«es de ti mismo que celoso estás,
y si del eco de unos pasos huyo,
el eco aquel es del paso tuyo,
que a donde voy en mi memoria vas!»

¿Cómo quieres que perdone y que olvide,
si esas tétricas frases de ingenua ternura
brillan en medio de la noche oscura
en que deambulamos dementes los dos?

Juraste que perdiéndote a ti, perdió mi anhelo
el bienestar en la tierra y, en el eterno cielo,
el inmaculado deleite de aproximarse a Dios.

No sabes que sin ti me encuentro tan vano,
tan miserable como el desgraciado gusano
que se compara al águila genial.
Porque si muero sin el aroma de tu esencia,
cuando llegue de Dios a la presencia
¡llegaré cubierto en lodo terrenal!

V

¡Tú eras lo más noble de mi inspiración!
Si algo extraño mi ambición soñaba,
era que en tus ojos encontraba
toda la divinidad de mi ambición.

Aún batallo por ti. Esperando con ilusión,
sin cerrar los ojos contemplaré al destino,
porque incendia las espinas del camino
en que revuelca mi noche, tu visión.

Tu mirada que mis penas magnifica,
tu mirada que me motiva hacia el mañana,
tu mirada cuya frente soberana
trae una corona de luz glorificada.

Tu mirada, que despedazando la luz
con que me oprime tus misteriosos ojos,
de su aureola con los anillos rojos
hace relucir los clavos de mi cruz.

Caminando como Orfeo caminó,
yo he de llegar al fin de la jornada,

dejando tu memoria encadenada
al nombre que tu orgullo rechazó.

Solos, tristes, derrotados por la vida,
descenderemos juntos la pendiente,
y cuando muera el sol de tu frente,
¡te prestaré mis claridades enseguida!

VI

Cuando sobre las cumbres de tu pecho
las flores de la tumba abran su broche,
y se suban las larvas de la noche
a refugiarse en la boca del despecho.
Cuando emerja lo triste de tu mirada
disuelto en las neblinas de la sierra,
por el amor con que te amé en la tierra:
¡la apariencia tuya vivirá inmortal!

Como Romeo por dolor estridente
murió junto a su Julieta amante,
moriremos en círculo incesante,
amargada tú y yo indiferente,
al recordar que en su agobiante vuelo
mi inspiración, por tu orgullo despreciado,
en torno de tu frente ha colocado
una tiara de luz eterna en tu cielo.

Sin titulo

¿Por qué al apreciarte ahora, orbe mío,
solo y perdido en tus campos floridos,
me parecen lamentosos los ruidos
del incógnito espejo de tu río?

¿Por qué gime ahora el cisne hostilmente
cuando clama la confesión de amores?
¿Por qué al verte, astro de vivos colores,
brota de mí una opaca gota ardiente?

La astuta me ha olvidado primero,
y, afligido, en el ocaso le imploro
que no me azote con su olvido fiero.

Mas siempre de ella su recuerdo adoro;
yo, ante todo, con manía la quiero,
por ella amo y en secreto lloro…

Sublimes misterios

And that Voice of the Heart, oh, ye may believe,
Will never the Hope of the Soul deceive!

Hope - Friedrich Schiller

¿Por qué en el primer amor,
al recordar la mujer querida
sube al rostro la encendida
llama del bendito rubor?

¿Por qué el marinero al llegar
a puerto busca en la tierra un asilo
donde pasa un momento tranquilo,
sabiendo que después volverá al mar?

¿Por qué la mujer que vio su pasión
y su ternura burlada,
vuelve otra vez confiada
a empeñar su roto corazón?

¿Por qué nuestra ansiedad
por torpe sufrimiento delira,
que es más dulce la mentira
cuanto más amarga la verdad?

¿Por qué en torpe confusión,
verdugo de nuestra calma,

siendo superior el alma
vence siempre el corazón?

¿Por qué amar para sufrir
y sufrir para olvidar,
y siendo el vivir penar,
penar tanto por vivir?

¿Por qué si todos amamos
y nacimos para amar,
no podemos confesar
lo que dentro anhelamos?

¿Por qué con falsía
ocultamos un sentimiento
que es en nuestro pensamiento
solo un elemento de alegría?

¿Por qué si nuestra esperanza,
depende siempre del amor,
lo difamamos; qué no es mejor
darle fe y darle confianza?

¿Por qué simular el sonrojo
de una energía que no lo es,
para revelar después
que es solo un vano antojo?

¡Por qué aun siendo encontrada
una respuesta lógica y con razón,
jamás se podría descifrar nada
de los sublimes misterios del corazón!

Todo sigue igual

Todo sigue igual: el barco y el marinero;
los árboles deshojados del invierno frío.
Todo sigue igual: el abundante rocío
aún humecta la superficie del sendero.

Todo sigue igual: el resplandor del lucero
consolando los árboles muertos sobre el río.
¡Todo sigue igual! El torpe corazón mío
piensa que como te amé, todavía te quiero.

Todo sigue igual: en el balcón abandonado
de tu amor y mi amor, solo me ha recordado
que hay un afligido hombre esperando a su pareja.

Y la larga espera me dice, astro de mi cielo,
que nuestra torpe historia de afecto y de duelo,
¡es una historia super aburrida y muy vieja!

Tus desdenes

En lo más profundo de mi pensamiento,
en la vigilia, evoco de tu materia
un remoto recuerdo que llega lento
a mi mente, llenándome de miseria.

En el recuerdo tuyo, espectro risueño,
tu retrato nunca me niega su luz;
con tu imagen llenas mi vívido sueño
¡y siempre me sueño clavado en tu cruz!

Somos la interminable guerra, mi musa hermosa,
del amor que dura y del amor que fue:
¡tú eres una persona muy orgullosa,
mentiroso quizás soy, pero olvidar no sé!

Fuiste esa colorida ave que en la noche fría,
refugio y abrigo le pidió a un servidor,
y que luego huyó a las luces del naciente día,
olvidando el pobre nido que le dio calor.

Yo soy el estafado, que por amorío
prestó a una mujer su alentadora paz,
y ahora sanando triste en mi nido frío,
sueño con la ingrata ave que voló fugaz.

Ni por más que agites esas alas que tienes,
mi apasionado incendio nunca apagarás;
¡cuanto más violentos soplen tus desdenes,
mis inquietantes deseos crecerán más!

Un recuerdo que dura

Tan pobre me estoy quedando
que ya ni siquiera estoy
conmigo, ni sé si voy
conmigo a solas viajando.

Otro viaje - Antonio Machado

Pasó el tiempo de alegrías y de gloria
como una nube que lluvia carga.
Y, en el presente de mi pobre historia,
los recuerdos que guarda mi memoria
tan solo glorifican la verdad amarga.

Las memorias, como fantasmales visiones
que suaves luces de placer derraman,
son la fuente de las inspiraciones,
que escriben sin cesar los corazones
que se buscan, se atraen y se aman.

Y al cruzar escondidas por mi mente
esas sombras misteriosas del pasado,
¡cuántas veces tu nombre dulcemente,
como la compañía de un alma ausente,
increíble consuelo a mi tristeza le ha dado!

¡Para mí, tu memoria es lo que al día
la luz solar que de sus rayos lo baña!

Quererte y recordarte es mi alegría,
pues me une a ti la deliciosa simpatía,
porque la amistad del alma jamás engaña.

Como una estrella, tu nombre es en la historia
de mi humilde e infortunada vida;
y con su luz deleita la memoria
de aquel tiempo en que deseando gloria,
tan solo tu amistad no vi perdida.

Como mi ángel guardián, siempre tuviste
en tus suaves labios algún consuelo;
y al observarme pensativo y triste,
cuando mi escrituras se dirigían al cielo,
tu positividad con mi pesimismo siempre uniste.

¡Por eso con toda el alma te bendigo,
estrella de mi bien, consuelo de mi llanto!
¡Por eso sin cesar sueño contigo
y grata y pura tu memoria abrigo
en mi fiel corazón que te ama tanto!

No todo muere en esta tierra ingrata,
donde las horas que se viven se cuentan
por los sueños que la tristeza nos arrebata:
¡las ilusiones que el dolor nos mata,
como en su cielo, en la memoria alientan!

El recuerdo es la semilla de la vida
cuando uno perdido avanza;
cuando se llora la ilusión perdida,
en nuestro corazón con dolor se anida
la difunta indiferencia de la esperanza.

Las agradables ilusiones ya pasadas,
como en un santuario, en mi memoria viven:
queridas siempre y siempre adoradas,
¡mi recuerdo es el cofre en que –guardadas
sus cenizas de amor– devoción siempre reciben!

Los poemas de mi vida son la historia,
sufrimientos de un herido corazón;
y siendo muy tuyo mi adorada gloria,
¡tuya mi vida como mis poemas lo son!

Una ilusión perdida

Artifex vitae artifex sui

I

Es una tarde mágica y serena
del mar inmenso en la desierta playa,
donde la ola, entre morena arena,
desanimada y sin valor calla.

Consumiéndose en sus rayos despacio,
el sol, que ya ocultó su disco ardiente,
por grados se va derritiendo en el espacio
las últimas llamas de su esplendor al occidente.

Entre el pálido azul, su arco de plata,
la luna se asoma tranquila y bella,
y ya con lumbre silenciosa y grata,
radiante luce del amor – la estrella.

Unido al de la antorcha vespertina,
el esplendor plateado de la luna,
en claridad opaca y peregrina,
ahora con la luz del decadencia ayuna.

Dudosa claridad, suave y extraña,
que al mundo envuelve en dulce velo

y con sus tintas misteriosas baña
el mar, el aire y el suelo.

Ahora el mar duerme en inmóvil lago
de oro hacia el fondo, cerca azul o verde,
y de sus playas el contorno mago
en gran semicírculo se pierde.

Huyen por el límite del firmamento,
rompiendo el melancólico diamante
con sus alas inmóviles el viento,
las aves del otoño suspirante.

Por el oriente, el resplandor escaso
poco a poco se borra y desaparece;
y desde allí la sombra hacia el ocaso
ciega avanza y por momentos crece.

Vagamente, en la tierra y en la altura
la opaca sombra con la luz se funde;
su indefinible incógnita dulzura
por todo el universo se difunde…

De la majestuosa, y misteriosa calma
domina la inmortal naturaleza;
y, ya en su fondo estremecida, el alma
siente del pasado la tristeza.

Y, entre la luz que en occidente brilla,
pintoresca, fantástica y ligera;
se ve destacándose junto a la orilla
la llamativa forma de una mística galera.

Adornada de vistosas aureolas,
desde la playa, sin explicación, se aleja,
y en el azul profundo de las olas,
más oscura, su sombra se refleja.

Dando al viento suavísimos cantares,
harpas pulsando de marfil y de oro,
en ella parte a los remotos mares
de seres peregrinos su hermoso coro.

¡Bellas hadas, místicas mujeres,
ideales fantasías y fantasmales diseños,
maravillosos y radiantes seres
del encantado mundo de los sueños!

En sus rostros divinamente bellos
se abren sus grandes ojos soñadores,
y flotan a los vientos sus cabellos
coronados de perlas y de flores.

Inmóvil, una, en pie moribunda,
de sus abiertos ojos, su mirada

en los abismos se pierde, profunda,
en la irrevocable dicha no olvidada.

Y mientras que se pierde, así, en lejano
horizonte fantástico su alma,
como símbolo inmortal, su diestra mano
mantiene verde su eterna palma.

Inclinada hacia enfrente la cabeza
sobre el pecho, la mística hada soñante
regresa hacia el cielo con mortal tristeza,
llorando con su esperanza amante.

De su existencia en las felices horas,
esta hada, ajena a duelos inhumanos,
acompaña las músicas sonoras
con el gentil bate de sus delicadas manos.

Aquella, envuelta en vestidura blanca,
de la galera se reclina en los bordes,
mientras, con mano distraída, arranca
del arpa los melancólicos acordes.

La otra, con la faz en su hombro reclinada,
triste, con sus cantos, el pasado invoca,
¡y sonríe acordándose, emocionada
con la sonrisa del dolor en su boca!

Y esas son, esas son las ilusiones
que, en la tarde final de nuestras vidas,
como grupo de mágicas visiones,
para siempre lloramos ya perdidas.

Última noche de otoño

¡Noche tranquila y fría,
tú haces mayor mi luctuosa tristeza
y multiplicas mi mortal melancolía!
¡El buitre tiene un nido en la maleza!
¡La serpiente, en el cavidad de una roca,
se alberga del gélido enfurecido!
¡La araña, con los extractos de su boca,
puede construirse un nido!

¡Todo tiene un hogar que le resguarde
de la oscuridad que avanza,
cuando el brillante astro de la tarde
sus enigmáticos relámpagos lanza!
¡Absolutamente todo! ¡La gloria
en las páginas del libro de la historia;
la sonrisa en el rostro aún sin alegría
y hasta el recuerdo tiene a la memoria
para refugiarse allí con su melancolía!

¡Sólo mi cariño, sincero e infinito,
no encuentra en sus soledades atribuladas,
ni conocido destello ni generoso techo!
¡Van sin destino determinado mis pisadas!
¡Maldito, sí, maldito
sea el nombre que tatué en mi pecho!

Una noche de octubre

La enfermera
Marinero: en tu corazón olvidado
ya crece una flor, que abre al estío
su cáliz celestial. Está sembrado
de estrellas apagadas el vacío.

Háblame de tu amor; sobre mi seno
despoja de tus angustias el veneno;
y mancha de mis manos lo esplendente,
con las ardientes gotas de tu llanto,
mientras extiendo el bendito manto
sobre las negras nubes de tu frente.

El marinero
Todo yace dormido:
el ave en el nido;
en el cielo, el sol; en la espesura,
las plantas de fragancia llenas;
en mis afectuosos ojos, tu hermosura;
y en mi olvidado corazón, las penas.

La enfermera
No pienses que me engañas;
no creas, no, que tu tristeza ignoro;
¡hay humedad colgando en mis pestañas,
ya que lejos tengo al hombre que adoro!

El marinero
    ¡Solo te tengo a ti! ¡De tu pupila
la brillantez tranquila
basta para alimentar mis soledades!
¡Solo te tengo a ti! ¡No hables de duelo,
comisionada del cielo,
mi prometida fiel, mi nube de piedades!

La enfermera
    ¡Regálame ya tu corazón! ¡La pena
que grita comprimida,
con su aliento mortal nos envenena,
como envenena la materia podrida!
¡Regálame ya tu corazón! ¡Tengo derecho!
¡Déjame que comparta tu amargura,
recuesta tu faz sobre mi pecho
que late de compasión y de ternura!

El marinero
    ¡Eres mi manantial de armonía,
como luna naces cuando muere mi día!

La enfermera
    ¡Yo soy aquella que por ti suspira,
que nunca te abandona,
y que ha soñado premiar tu lejana gira
con el merecido honor de una corona!

El marinero

¡Tranquila has cambiado toda la rudeza
que me inspira lo infame y lo grosero;
me he enseñado amar a la verdadera belleza,
y me has enseñado a ser todo un caballero!

La enfermera

¡Cuando todo a tu paso se derrumba,
cubriré los escombros con mis grandes alas;
a tu lado estaré en las buenas y en las malas
e inclusive junto a ti yacería en una tumba!

¡Se atraviesa con mi sendero tu camino;
yo represento tu ideal más puro
y siendo también yo parte de tu destino,
te enseñaré abrir las puertas del futuro!

¡No tengo más historia que tu historia,
ni mejor regalo que tu amor! ¡Soy toda tuya!
Te daré todo el néctar de mi gloria
cuando tu travesía por la guerra concluya.

El marinero

Eres mi mañana, la flor sin espinas
que nace en mi jardín… ¡tu mirada
en mi noche es la luna apasionada
que inspira del sol las luces matutinas!

¡Busca en mi corazón el tesoro
cuando me regales de tu amor el fuego!

La enfermera
    ¡No dudes de la fe con que te adoro!
    ¡Yo al deleite de tu amor me entrego!

El marinero
    ¡Déjame que recargue la cabeza
sobre los cálidos pliegues de tu vestido,
y que me embriague en tu belleza
escuchando de tu corazón el latido!

    ¡Eres el puerto que sueña todo marinero!
Te extraño, dueña de mis últimos amores:
¡y para que sepas bien cuanto te quiero
voy a contarte todos mis dolores!

    Olvidado de ti, que eres la calma,
mi maravillosa y bella prometida,
regalé a una mala mujer el corazón y el alma…
¡convirtiéndola inútilmente en vida de mi vida!

    ¡La flor de mi corazón abrió su broche
saturado de esencia embriagadora,
llenando mis ilusiones cada noche
de esa mala mujer la cara envenenadora!

Infiriéndote a ti aflicción y agravios,
a ti que eres de mi vida el resumen,
¡moría por un beso de sus labios!

La enfermera
¡Qué en mis labios tus penas se perfumen!

El marinero
¡La adoré postrado de rodillas,
la adoré desesperado! ¡En mi ternura
jamás llegó mi labio a sus mejillas,
jamás ensució mi vista su hermosura!

La enfermera
¡Te conozco bien! ¡Inocente y ciego,
tu amor es grande y por lo mismo puro!

El marinero
¡Yo doy todo mi ser cuando me entrego!
¡La hierba muere, pero pegada al muro!

La enfermera
Entiendo tus pesares y tus enojos:
¡tras la violenta pasión vino el olvido!

El marinero
    ¡Y llevo aún en mis cansados ojos
la imagen infernal del demonio perdido!

    En el desvelo de las noches mías
la veo aparecer y me desgarra...
¡con su voz de insoportables melodías,
viene sin querer y como presa me amarra!

    ¡Y no me avergüenzo de llorar! ¡El llanto
prueba que el corazón no está marchito!
¡Cubrí mis penas con el manto
cuando supe de ella el delito!

    ¡Los demonios nunca lloran! ¡La amargura
es una irradiación! ¡De cada espina
que se hunde en nuestra frente, brota y fulgura
una obstruyente luminosidad divina!

La enfermera
    ¡Llora, corazón! ¡Llora tus dolores!
¡Los llantos del pesar son inmortales!
¡Con rocío se nutren los rosales
y se filtran todos los amores!

El marinero

El día empieza: ¡viene ya la mañana
cubierta de esperanza! ¡Viene ya la sorpresa
con que el sol sus destellos engalana
cuando las plantas de la noche besa!

¡Con tu limpio esplendor viene el olvido!
¡Los fantasmas se van! ¡Todo se azula:
el cielo por los vientos recorrido,
la niebla gris que en el precipicio circula!

¡Lentamente la luz sube a su trono,
mientras recupera la perdida calma!
¡Dejemos los rencores en el abandono,
mientras iluminamos, mi amor, el alma!

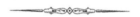

Créditos de las ilustraciones

Autor	Página
O Feeble Seraph Resub por John McDonald	16
Residue por Jessica Nason	25
Broken por Harvey Ong	35
Dead Tree por Jaime Rodríguez	51
Increpación por Julio Ruelas	59
Augmented Ventricle por Destiney Stubbs	65
Muse of Poetry por Jacinta A. Meyers	83
Sailor's Kiss por Jessica Shipe	105

Índice

Adiós — 1 —

Agradecimiento eterno — 2 —

Amarga noche — 4 —

Antes de escribirse — 7 —

Antigua gloria — 8 —

Consuelo del ángel — 10 —

Cor unum et anima una — 12 —

Cuenta conmigo... — 17 —

De noctem en noctem — 18 —

El dolor no mata — 21 —

En los versos de un poema — 22 —

En la playa — 26 —

Entre el poeta y el amor — 27 —

Es imposible amarte — 30 —

¿Es muy triste morir? — 32 —

Fantasmas del pasado — 36 —

J'ai une question pour vous — 40 —

La amistad y el amor — 42 —

La inmortalidad de tus ojos — 46 —

Lejana estrella — 48 —

Levanta el ánimo — 52 —

Lo que sufro en silencio — 54 —

Los llantos del silencio — 60 —

Me despido — 62 —

Memorial Day — 64 —

Meditando un instante — 66 —

Mía para siempre - 71 -

Mi último adiós - 72 -

Mirada ardiente - 74 -

Naturaleza del alma - 76 -

Perdidos al vernos - 77 -

Playa del olvido - 78 -

Prepara tus ojos - 81 -

Polvo cósmico - 82 -

¿Por qué llorar? - 84 -

Prisionero de tus ojos - 86 -

¿Qué es la vida? - 88 -

Sentimiento inmortal - 90 -

Sin titulo - 95 -

Sublimes misterios - 96 -

Todo sigue igual - 99 -

Tus desdenes - 100 -

Un recuerdo que dura - 102 -

Una ilusión perdida - 106 -

Última noche de otoño - 111 -

Una noche de octubre - 112 -

Créditos de las ilustraciones - 119 -